NOTICE

SUR

LES CLOCHES

de l'ancien doyenné de Blérancourt

QUI COMPRENAIT DIX-SEPT PAROISSES

SAINT-QUENTIN

IMPRIMERIE DU CONSERVATEUR DE L'AISNE

5, rue Saint-Jacques, 5.

—

1884

NOTICE

SUR

LES CLOCHES

de l'ancien doyenné de Blérancourt

NOTICE

SUR

LES CLOCHES

de l'ancien doyenné de Blérancourt

QUI COMPRENAIT DIX-SEPT PAROISSES

SAINT-QUENTIN

IMPRIMERIE DU CONSERVATEUR DE L'AISNE

5, rue Saint-Jacques, 5.

—

1884

NOTICE

SUR

LES CLOCHES

de l'ancien doyenné de Blérancourt

QUI COMPRENAIT LES 17 PAROISSES SUIVANTES :

1	Audignicourt	10	Nampcel
2	Brérancourdelle	11	Quierzy
3	Blérancourt	12	Saint-Aubin
4	Bourguignon	13	Saint-Paul-aux-Bois
5	Caisnes	14	Selens
6	Camelin	15	Trosly-Loire
7	Cuts	16	Vassens
8	Manicamp	17	Vezaponin.
9	Morsain		

Ancien doyenné de Blérancourt

Avant la révolution, Blérancourt était chef-lieu d'un doyenné rural. Le diocèse de Soissons était alors divisé en quatre archidiaconés, savoir :

Le grand archidiaconé comprenant	104 cures ;
L'archidiaconé de la Rivière	67 cures ;
Celui de la Brie	126 cures ;
Et celui de Tardenois	73 cures.

L'archidiaconé de la Rivière contenait quatre doyennés, savoir : Vic-sur-Aisne, Collioles, Béthyzy et Blérancourt.

Le doyenné de Blérancourt, huitième du dio-

cèse, avait 17 cures, dont 15 séculières, et 2
régulières, savoir :

1° Audignicourt·
2° Blérancourdelle
3° Blérancourt
4° Bourguignon-s.-Coucy
5° Caisnes
6° Camelin
7° Cuts
8° Manicamp
9° Morsain
10° Nampcel, chanoines
réguliers de la Con-
grégation de France
11° Quierzy
12° Saint-Aubin
13° Saint-Paul-aux-Bois.
Oratoriens
14° Selens
15° Trosly-Loire
16° Vassens
17° Vézaponin.

Il y avait en outre six dessertes, savoir :

A Bretigny, une desserte dite succursale d'Ous-
sancourt-Bourguignon.

A Manicamp, un vicaire.

A Morsain, un vicaire chapelain.

A Nampcel, un vicaire chapelain.

A Trosly-Loire, un vicaire.

A Saint-Paul-aux-Bois, un vicaire de la maison
des Oratoriens.

Les fonctions des doyens ruraux étaient de
présider aux assemblées des Calendes et autres
de leur doyenné, si l'évêque ne s'y trouvait, ou
l'archidiacre, ou l'un des vicaires généraux ;
de faire parvenir aux curés les mandements et
ordonnances de l'évêque ; de visiter et admi-
nistrer les curés et vicaires malades, et de les
inhumer, pour quoi ils avaient les offrandes,
moitié de la cire et la somme de trente livres,
conformément aux statuts du diocèse. Ils pou-
vaient visiter les églises pour en rendre compte
à l'évêque.

Outre le doyen, il y avait dans chaque doyenné
un promoteur nommé aussi par l'évêque.

Dans les synodes diocésains, les doyens ruraux étaient revêtus d'amicts, d'aubes et d'étoles ; les curés, de surplis et d'étoles. Dans la marche processionnelle, le doyen de Blérancourt avait le onzième rang, sur dix-huit.

L'assemblée des Calendes se tenait tous les ans dans chaque doyenné pour la distribution des saintes huiles. L'évêque, l'archidiacre, les vicaires généraux, ou les doyens ruraux en leur absence, présidaient ces assemblées où l'on traitait du bien particulier des doyennés, et l'évêque consultait quelquefois les curés sur le bien général du diocèse.

Le doyenné de Blérancourt tenait ses Calendes le lundi de la seconde semaine après Pâques, à Blérancourt.

Il n'existe pas d'archives qui puissent nous faire connaître les prêtres qui ont eu le titre de doyens de Blérancourt, et c'est sur des actes divers trouvés dans les paroisses de ce doyenné que nous avons recueilli les renseignements suivants :

Le curé de Blérancourt n'était pas toujours le doyen, ainsi le premier et plus ancien que nous trouvons est Messire Pierre de Chouy, curé de Saint-Aubin, et ce n'est qu'après sa mort arrivée le 17 octobre 1651 que Messire Nicolas Baron, curé de Blérancourt, fut élu doyen et mis en possession le 22 novembre suivant.

Ce dernier étant mort en 1653, encore un curé de Saint-Aubin, Messire Hubert Destrées, lui succéda jusqu'en 1667.

Messire Nicolas Lempereur fut curé et en même temps doyen de Blérancourt de 1667 à

1670. Il mourut le 4 janvier de cette dernière
année et fut inhumé dans le chœur de l'église.

Messire Charles de Campagne, curé de Manicamp, lui succéda jusqu'en 1679.

Vient ensuite Messire Pierre Du Boys, qui
était curé de Blérancourt depuis le 25 novembre
1673 et entra en fonctions comme doyen en
1679. C'est lui qui rédigea et signa, le 7 septembre 1700, l'acte de baptême de Claude-
Nicolas Le Cat, né le 6, qui devint l'un des plus
célèbres chirurgiens du 18ᵉ siècle. Messire
Pierre Du Boys mourut le 24 décembre 1704,
âgé d'environ 67 ans, et fut inhumé dans le
cimetière, devant le portail de l'Eglise, suivant
sa dernière volonté. Le promoteur du doyenné
était, à cette époque, Messire Charles Brasseur,
curé de Camelin.

Messire Ambroise Rabœuf, curé de Blérancourt de mai 1705 à juillet 1715, et Messire
Charles Charreyre, d'octobre 1715 à mai 1727,
ne furent pas doyens. Pendant ce laps de temps,
ces fonctions furent remplies par Messire Nicolas Charpentier, curé d'Oussancourt-Bour-
guignon de 1704 à 1716, puis par Messire Jean
Vincent Lévêque, curé de Morsain, chanoine
de Pierrefonds, chapelain de la cathédrale de
Soissons et chanoine de Notre-Dame-des-
Vignes, décédé en 1737, inhumé dans l'église,
sous les cloches. Il avait pour promoteur Messire Antoine Soulage, curé de Vassens.

Messire Gabriel Delacroix, prêtre, bachelier
en droit canon et civil, qui était curé de Blérancourt depuis 1730, ne fut nommé doyen
qu'après la mort de Messire Jean-Vincent
Lévêque, en 1737. Pendant ses fonctions, Mes-

sire Gabriel Delacroix eut, à propos des dîmes,
un procès avec les Révérends Pères Feuillants
de Blérancourt ; il existe à ce sujet une pièce
dont un exemplaire se trouve encore à la
bibliothèque publique de Soissons ; elle est
intitulée : *Mémoire pour le prieur et les Religieux
Feuillants du monastère de Saint-Bernard, de
Blérancourt, ordre de Citeaux, défendeurs, contre
Messire Gabriel Delacroix, prêtre, curé et doyen du
même lieu, demandeur.* (Paris, 1746, in-fol.) Il
mourut le 28 Août 1760, après un exercice de
près de trente années, à Blérancourt, âgé de
70 ans 1/2. Il fut inhumé dans le cimetière,
vis-à-vis le charnier, suivant ses dernières
intentions. Il était l'oncle de Messire Jacques-
Louis-Marie Delacroix de Bournonville, diacre,
chanoine de Saint-Pierre-au-Parvis, de Soissons, chapelain de la cathédrale en 1743.

Messire Brice Poncelet, curé de Caisnes,
depuis le 22 Avril 1732, fut nommé doyen de
Blérancourt, en 1760 et resta en fonctions
jusqu'au 24 Août 1769, jour de sa mort. Il avait
pour promoteur du doyenné Messire Jean
Poncin, curé d'Audignicourt, qui devint ensuite
doyen, et eut lui-même pour promoteur Messire Pierre-Paul Flobert, curé de Blérancourt.

Ces deux derniers prêtres restèrent en fonctions jusqu'en 1790, époque où la division
ecclésiastique fut changée et le doyenné d·
Blérancourt supprimé.

Messire Jean Poncin, prêtre, bachelier en
théologie de la Faculté de Douai, avait été
vicaire à Blérancourt du 7 Novembre 1731 au
17 Août 1734, puis vicaire à Quierzy, de 1734 à
1739, puis curé de Cuts en 1739 et enfin curé

d'Audignicourt en 1760, et doyen de Blérancourt en 1770. Très vieux au moment de la révolution et devenu aveugle, il alla se retirer dans sa famille, aux environs de Chauny, et y mourut, je n'ai pu savoir à quel pays.

Messire Pierre-Paul Flobert était curé de Blérancourt depuis le 28 Mai 1759. Il eut toutes sortes de tribulations pendant la Révolution, quoique ayant prêté serment à la constitution civile du clergé. Le 26 Ventôse, an III (16 Mars 1795,) il fut renommé curé de Blérancourt par les habitants ; voici le procès-verbal de cette élection :

« Tous les citoyens de la commune de Blé-
« rancourt professant le culte catholique, réunis
« sous la surveillance des maire et officiers
« municipaux, pour élire un ministre de leur
« culte, conformément à la loi du 3 de ce mois,
« ont, d'une voix unanime, délibéré que le
« citoyen Pierre-Paul Flobert, leur ci-devant
« curé, qui n'a cessé d'être investi de l'estime
« et de la confiance de tous les habitants, sera
« invité à se rendre au vœu général des citoyens
« pour reprendre les fonctions qu'il a digne-
« ment remplies pendant 36 ans et plus, et que
« l'oppression seule l'ont contraint d'aban-
« donner, qu'en conséquence, copie du présent
« arrêté lui sera portée par deux commissaires
« tirés du sein de la commune et une lettre
« d'invitation de la part du corps municipal,
« et ont signé tous ceux des habitants qui ont
« pu faire leur seing, cejourd'hui 26 Ventôse
» de l'an III de l'ère républicaine (16 Mars
« 1795). »

M. Flobert accepta, mais, quelques années

après, devenu infirme, il fut suppléé dans ses fonctions par un prêtre revenu d'émigration, M. Augustin-Nicolas Dutailly, jusqu'a la nomination, en 1803, de M. Bossez, curé de Manicamp, à la cure de Blérancourt. M. Flobert mourut le 27 Vendémiaire, an XIV, (19 octobre 1805), âgé de 74 ans.

Le *Dictionnaire topographique du département de l'Aisne*, par M. A. Matton (Paris, imp. nationale, 1871) nous apprend, page 281, qu'en l'année 1556, le doyenné rural, dont le chef-lieu était a Vassens, fut transféré et établi à Blérancourt.

Le doyenné de Blérancourt a donc existé de 1556 à 1790, c'est-à-dire pendant 234 ans, et d'après les renseignements ci-dessus, les doyens furent :

De 1556	à 1636	X. X.
1636	1651	Messires Pierre de Chouy, curé de Saint-Aubin.
1651	1653	Nicolas Baron, curé de Blérancourt.
1653	1667	Hubert Destrées, curé de Saint-Aubin.
1667	1670	Nicolas Lempereur, curé de Blérancourt.
1670	1679	Charles de Campagne, curé de Manicamp.
1679	1704	Pierre Du Boys, curé de Blérancourt.
1701	1716	Nicolas Charpentier, curé de Bourguignon.
1716	1737	Jean - Vincent Lévêque, curé de Morsain
1737	1760	Gabriel Delacroix, curé de Blérancourt.
1760	1769	Brice Poncelet, curé de Caisnes.
1769	1790	Jean Poncin, curé d'Audignicourt.

I. — Audignicourt

La paroisse d'Audignicourt, qui n'est plus qu'une annexe de celle de Vassens, était, avant la révolution, une cure séculière du doyenné de Blérancourt, archidiaconé de la Rivière, diocèse de Soissons. L'église possédait trois cloches dont deux furent enlevées en 1793. Les archives ayant été détruites, on ne peut avoir aucun renseignement sur ces cloches ; les vieillards que j'ai consultés dans le pays s'accordent à dire qu'elles étaient très anciennes et de forme plus large, plus arrondie que les modernes ; ils rapportent aussi qu'une demoiselle nommée Paquette de Belloy (1), de la famille seigneuriale de Nampcel, aurait été marraine de la plus grosse cloche qui resta jusqu'en 1822, époque où, mise en branle trop violemment par le sonneur Lambert Pontus, elle se cassa le 24 juin pendant la cérémonie de mariage de M. Jean Guillemont de Cuts (Oise) avec Mlle Brun d'Audignicourt.

Pour la remplacer, le conseil de fabrique fit, le 24 octobre 1822, avec M Cavillier Louis-Charles, fondeur a Solente (Oise), un traité par lequel ce dernier s'engageait à livrer une cloche de 700 livres, toute montée de ses fers et bois et à reprendre l'ancienne.

Mais plus tard, ayant obtenu les ressources suffisantes, au moyen de quelque dons particuliers et de la vente d'arbres qui existaient

---

(1) Moulin du Belloy autrefois situé sur le terroir d'Audignicourt, aujourd'hui sur celui de Nampcel (O se). Il y avait aussi, près de ce moulin, la ferme du Belloy qui n'existe plus

sur la place de la commune, le conseil décida
d'avoir trois cloches du poids total de 1063
livres ; ce sont celles qui existent encore aujourd'hui et dont le procès-verbal ci-après relate
la bénédiction (1) :

L'an mil huit cent vingt trois, le lundi huit
du mois de septembre, jour de la Nativité de la
Sainte-Vierge, ont été bénites par M. Antoine-
Sophie Petit de Reimpré, curé de Blérancourt
et desservant ladite commune par intérim,
trois cloches qui ont été de suite montées dans
le clocher.

La plus grosse, du poids de 472 livres, a été
bénite sous les noms de Louise-Alexandrine.
le parrain a été M. Delignières Benoît-Alexan-
dre-Gambart, maire et propriétaire de la ferme
et du domaine de la Grange-des-moines, y
demeurant, et la marraine a été dame Louise-
Rosalie Le Brasseur, son épouse.

La moyenne, du poids de 347 livres, a été
bénite sous les noms de Elisabeth-Joséphine.
le parrain a été M. Fleury Jean-Joseph, propriétaire, cultivateur et adjoint au maire de la
commune d'Audignicourt, y demeurant, et la
marraine Marie-Elisabeth Bouquet, son épouse.

La petite, du poids de 244 livres, a été bénite
sous les noms de Julie-Hubertine, le parrain a
été M. Pollet Hubert-Remy, propriétaire et
meunier du moulin à eau de cette commune
d'Audignicourt, et la marraine Julie-Elisabeth
Brun, son épouse, qui ont signé le présent acte

---

(1) M. l'abbé Vernier, dans son *Histoire des
communes du canton de Coucy*, a donné textuellement les inscriptions de ces trois cloches.

avec le conseil municipal qui a assisté à cette
cérémonie lesdits jour et an.

Delignières, maire.
Fleury, adjoint.
Pollet.
Merlier.
Jules Brun.
Marie Bouquet.

Petit de Reimpré, curé de
Bléra-court, desservant
par interim.
Brun, clerc laïc.
Jean-Louis Vignon.
Charles Vignon.
Théodore Brun.

Ces cloches, fondues à Solente, ont été rame-
nées à Audignicourt par M. Randus père, qui
fit ce transport gratuitement.

Le 8 Septembre 1823, Louis-Romain Petit
prit à bail la sonnerie moyennant 6 fr. 50 c. de
redevance annuelle. François-Romain Petit,
son fils, né en 1811, lui succéda et fait encore
le service aujourd'hui.

II. — Blérancourdelle

La paroisse de Blérancourdelle, qui, comme
Audignicourt, était autrefois une cure séculière
du doyenné de Blérancourt, n'a plus été, après
la révolution, qu'une annexe de la succursale
de Blérancourt. Mais, par décision du 13 juillet
1854, l'église de Blérancourdelle fut réduite en
simple chapelle de secours, le culte devant y
être célébré sous la direction du desservant de
Blérancourt et sous l'administration temporelle
de la Fabrique de cette succursale.

L'ancien clocher contenait deux petites cloches dont une fut enlevée pendant la révolution.
En 1864, on reconstruisit le clocher, et comme
la cloche qui restait était cassée depuis longtemps, on décida, par délibération du 22 Mars

1864, d'en avoir une nouvelle pesant de 300 à
350 kilogr.

Elle fut fournie par M. Cavillier, fondeur à
Solente (Oise) et porte l'inscription suivante :

L'AN 1864, J'AI ÉTÉ BÉNITE
PAR LOUIS–CHARLES ROUSSELLE
CURÉ DE BLÉRANCOURT ET BLÉRANCOURDELLE
M. MERLIER–LABARRE, MAIRE.

JE SUIS NOMMÉE MARIE – MADELEINE
PAR MM. CHARLEMAGNE–REMY VIET (1)
ET FRANÇOIS–HONORÉ MERLIER, CULTIVATEURS
A NAMPCEL (2)
ET PROPRIÉTAIRES A BLÉRANCOURDELLE
PARRAINS
MES MARRAINES SONT :
MARIE–FÉLICITÉ LENOIR, VEUVE MERLIER
ET LOUISE–AUGUSTINE DUFAY,
FEMME MERLIER LOUIS–AUGUSTE (3).

On n'a pas conservé les inscriptions des
anciennes cloches, pas même de celle qui resta
jusqu'en 1864. Quelques anciens du pays
m'ont assuré que cette dernière portait la date
de 1630, et s'appelait Marie-Madeleine, comme
la cloche actuelle.

---

(1) Demeurant à la ferme de la Croisette, commune de Nampcel (Oise).

(2) D'meurant à la ferme des Loges, aussi commune de Nampcel (Oise).

(3) Frère du précédent, et demeurant aussi à la
ferme des Loges.

III. — Blérancourt

L'ancienne sonnerie de Blérancourt se composait de trois petites cloches peu d'accord, la plus forte pesait 600 livres, la moyenne 456 livres et la petite 360 livres. Elles avaient été bénites en 1609 si l'on s'en rapporte à une inscription, tracée avec la pointe d'un couteau sur le pilier gauche du portail de l'église, et ainsi conçue :

Le 24 Mai 1609

LES CLOCHES

DE CÉANS FURENT BÉNITES

La plus petite de ces cloches s'étant cassée, on la remplaça en 1735 et j'ai trouvé dans les registres de paroisse son acte de bénédiction, dont voici la copie :

Le 26 juin 1735, a été bénite la petite cloche de cette paroisse par Messire François Delarivière, prêtre vicaire de la paroisse. Le parrain Messire Gabriel Delacroix, prêtre bachelier en droit canon et civil, curé de ladite paroisse ; la marraine Marie-Madeleine Carbonnier, veuve du Sᵣ Jean Rabœuf, vivant greffier de la justice de Blérancourt ; laquelle cloche a été nommée Pierre-Gabriel-Madeleine, en présence de Maître Pierre Carbonnier, lieutenant de ladite justice, et de Pierre Dupont, marguillier en charge, et de Messire Jean Poncin, vicaire de Quierzy, autrefois de ladite paroisse, qui ont signé.

On n'a pas conservé les inscriptions des trois cloches bénites en 1609, et l'on ignore quels en avaient été les parrains et marraines.

En 1787, les habitants mécontents de cette sonnerie, résolurent de la faire refondre et d'y ajouter la matière nécessaire pour avoir trois cloches plus fortes. Ils décidèrent en même temps la reconstruction d'un beffroi plus fort et plus solide. Mais je ne puis faire mieux connaître les détails de ces résolutions qu'en donnant ici un extrait du procès-verbal de l'assemblée où elles furent prises, espèce de plébiscite qui fait voir que nos pères, avant la révolution, n'étaient pas autant privés de liberté communale qu'on le croit généralement de nos jours. J'ai trouvé ce procès-verbal dans les minutes du notaire Gellé à Blérancourt :

Acte d'assemblée du 15 Juillet 1787

Cejourd'hui dimanche quinzième jour du mois de Juillet mil sept cent quatre-vingt-sept, issue des vêpres chantées en l'église paroissiale Saint-Pierre-ès-Liens de Blérancourt, par devant les notaires du roi au bailliage et gouvernement de Coucy à la résidence de Blérancourt, soussignés, en l'assemblée tenue en la salle presbytérale de Blérancourt, convoquée en la manière accoutumée à l'effet de délibérer sur les objets ci-après, sont comparus les syndic, communauté et habitants de ladite paroisse, savoir :

(Suivent les noms.)

Lesquels Sieurs comparants ont dit, par

2

l'organe du Sieur Henry Massy, leur syndic.
qu'il était d'une nécessité indispensable de
refondre les trois cloches de ladite paroisse,
attendu que depuis longtemps l'une desdites
cloches était cassée totalement et hors d'état de
service et que les deux autres étaient très-usées
et malsonnantes, que d'ailleurs le volume desdites trois cloches était tellement médiocre
qu'elles étaient rarement entendues dans le
corps de l'endroit, à plus forte raison aux
extrémités écartées dudit endroit, pourquoi il
était du bien de la chose et nécessairement
indispensable d'en augmenter le volume, qu'à
raison de cette augmentation, les sieurs comparants ont dit qu'ils étaient informés que
Messire Jérôme-Joseph Grenet de Blérancourt,
chevalier seigneur du marquisat dudit Blérancourt (1), en exécutant et secondant les intentions de feu messire Grenet, son père, voulait
bien concourir à cette augmentation en contri-
buant volontairement par une somme de douze
cents livres, qu'en outre ils savent que messire
Pierre-Paul Flobert, prêtre curé de cette paroisse, et pour le soulagement desdits habitants, voulait bien y concourir aussi de ses
propres deniers d'une somme de six cents
livres, indépendamment d'une somme de douze
cents que, de son consentement par délibéra-

---

(1) Messire Grenet était seigneur de Blérancourt
par acquisition faite de ce domaine à messire Jean
Louis Paris Potier de Gesvres, suivant contrat passé
devant M⁰ Chavet, notaire à Paris, le 6 novembre
1783.

tion particulière de cejourd'hui en l'assemblée
desdits habitants, serait prise de l'agrément de
Mgr l'Evêque de Soissons sur les deniers oisifs
de la Fabrique, mais que ces secours volon-
taires a l'effet d'augmenter le volume desdites
trois cloches a une grosseur raisonnable ne
dispensait pas les syndic, communauté et habitants a la contribution des réparations et
reconstructions a neuf d'un beffroi capable de
contenir lesdites nouvelles cloches, d'une soli-
dité suffisante et construit de manière à ne
point entraîner la chûte ou ruine du clocher, et
de la fonte des cloches seulement à la propor-
tion du poids des trois actuelles, sans entrer
dans aucune contribution à l'augmentation du
volume . ..

Délibération fut prise conformément à l'ex-
posé ci-dessus. En conséquence, une adjudi-
cation au rabais des travaux pour la reconstruction a neuf du beffroi, la descente des anciennes cloches, la remonte des nouvelles, etc.,
fut faite le 29 juillet 1787, sur la mise à prix
de mille livres. Après plusieurs rabais, ces
travaux furent adjugés à Hubert Dubois, charpentier a Blérancourt, pour la somme de sept
cent quatre-vingt-dix livres, en présence de.
MM. Dutailly et Lesassière, témoins qui ont
signé avec le notaire Gellé.

Hubert Dubois s'acquitta loyalement de la
tâche dont il était chargé, il construisit un
beffroi solide en bon bois de chêne qui a ré-
sisté à toute la fatigue du balancement des
cloches et existe encore aujourd'hui, il porte

l'inscription suivante en grosses lettres en-
taillées dans l'une des traverses supérieures :

J'AY ÉTÉ FAIT PAR HUBERT DUBOIS, CHAR-
PENTIER A BLÉRANCOURT, ET MONTÉ AVEC
TROIS CLOCHES NEUVES EN 1787.

Hubert Dubois éprouva beaucoup de difficul-
tés pour se faire payer des 790 livres qui lui
étaient dues ; le rôle de répartition établi sur
les habitants suscita de nombreuses réclamations et son recouvrement fut très difficile, de
plus les troubles apportés dans l'administration de la commune par la révolution retar-
dèrent encore ce paiement qui, cinq ans après,
en 1792, n'était pas effectué malgré les pres-
santes réclamations de Hubert Dubois dont je
trouve mention jusqu'à cette date dans les registres de délibérations de la municipalité de
Blérancourt.

De son côté, la fabrique de l'Eglise avait
passé, le 22 juillet 1787, avec le sieur Cavillier,
maître fondeur à Carrépuis, près Roye, un état
de marché par lequel il s'engageait à fondre,
pour le 1er octobre suivant, les trois anciennes
cloches moyennant la somme de cinq cents
livres suivant les règles de l'art, et à les rendre
sonnantes et accordantes au désir d'experts en
musique, sur les tons de *mi*, *ré*, *ut*, ce qui fut
exécuté.

La plus grosse cloche pesant	1,509	livres.
La deuxième	1,093	»
La troisième	815	»
Et les trois marteaux pesant ensemble	56	»
Total :	3,473	livres.

La première de ces cloches existe encore et porte la légende suivante :

L'an 1787. j'ai été bénie par maître Pierre-Paul Flobert, curé de Blérancourt, et nommée Joséphine-Thérèse. Parrain messire Joseph-Jérôme Grenet, chevalier, seigneur du marquisat de Blérancourt, de Marquet-en-Ostrevent, Wasmes-au-Bacq, Lahaye, Beaufort, etc. Marraine, noble dame Antoinette-Thérèse Aulent, veuve de messire Jean-Jérôme-Joseph Grenet, chevalier, seigneur du marquisat de Blérancourt, etc., et dame de Fresnoy. (C'était la mère du parrain.)

La deuxième eut pour parrain *messire Louis-Mathieu-Joseph de Bidé de Grandville, brigadier des armées du roi. mestre de camp, commandant du régiment du Bourbonnais infanterie,* et pour marraine *noble dame Marie-Albertine Imbert de la Basecque, épouse de messire Jérôme-Joseph Grenet, chevalier, seigneur du marquisat de Blérancourt, etc., etc.*

Le parrain de la troisième fut *messire Albert-Jérôme-Julien Grenet. fils de messire Jérôme-Joseph Grenet, chevalier, seigneur de Blérancourt, etc.* La marraine *noble dame Alexandrine-Pauline d' Cardevacq, dame de Gouy-en-Artois et autres lieux.*

Pendant la révolution, ces deux dernières cloches furent conduites au district à Chauny et de là, avec beaucoup d'autres, a la monnaie de Lille où elles furent transformées en sous.

On trouve dans les archives de Blérancourt l'acte suivant : « Nous soussignés maire et « officiers municipaux de la commune de Blé-« rancourt avons contracté cejourd'hui 20 ger-« minal, l'an 2ᵉ de la république (9 avril 1794),

« un état de marché avec les citoyens Jⁿ.-B^e.
« Jeanti, Charles Idée et Antoine Charpentier,
« à l'effet d'abattre et démolir la flèche du
« clocher de la ci-devant église de ladite com-
« mune et d'en reboucher et recouvrir le trou
« occasionné par la démolition dudit clocher,
« le tout conformément à la loi, moyennant la
« somme de cent vingt livres ; en outre toutes
« les ardoises, lattes, contre-lattes, chevrons
« poinsons et généralement tous les bois dé-
« pendant dudit clocher leur appartiendront et
« les deux cases inutiles des deux cloches
« emmenées au district, sauf toutefois de mettre
« et placer celle qui reste dans la case du
« milieu et la rendre sonnante à volée pour
« l'utilité des assemblées et autres besoins
« quelconques ; le paiement s'effectuera aussi-
« tôt la perfection de l'ouvrage, le tout sujet à
« visitation ; seront seulement réservés, pour
« mettre au district, tous les plombs et ferre-
« ments qui pourront se trouver dans ledit
« clocher et les clochetons, et après avoir fait
« lecture de ce que dessus en présence desdits
« Jeanti, Idée et Charpentier, ils ont accepté et
« ont signé avec nous et M Fillion, maire »

Fort heureusement, et je ne sais par suite de
quelles circonstances, cet état de marché ne fut
pas exécuté comme dans bien d'autres communes, et le clocher, veuf toutefois de deux
cloches, ne fut pas démoli, la grosse cloche
qui restait ne fut pas non plus mise dans la
case du milieu du beffroi et resta à sa place.

Depuis longtemps les habitants désiraient
rétablir leur ancienne sonnerie, lorsqu'en 1858
M. Lemaire-Warnier, adjoint au maire de la

commune, offrit de donner une moyenne cloche
et M. Delaby, curé de la paroisse. aidé des
marguilliers, fit une souscription qui produisit
la somme nécessaire pour avoir la troisième.
Le fils de ce même M. Cavillier, de Carrépuis
(Somme), qui avait fondu les cloches de 1787,
fut chargé de fournir les deux nouvelles en les
accordant avec l'ancienne, elles portent les inscriptions suivantes :

LA MOYENNE

L'an 1858, j'ai été bénite par M. Louis-Joseph
Delaby, curé de Blérancourt, et nommée Virginie-
Aline - Françoise. Parrain M. François - Fidel-
Amand Lemaire, adjoint au maire de cette com-
mune, et dame Marie-Louise-Aline Vielle, épouse
de M. Jean-Baptiste-Jules Heurtaux, maire. J'ai
été donnée par M. François-Fidel-Amand Lemaire,
sus-nommé, et par dame Virginie Warnier, son
épouse.

LA PETITE

L'an 1858, j'ai été bénite par M. Louis-Joseph
Delaby, curé de Blérancourt, et nommée Jeanne-
Médardine-Louise. Parrain M. Médard-Auguste-
Jules Dutailly, fabricant, et dame Louise Dupuis,
épouse de M. Julien Flahaux, négociant. J'ai été
donnée par les habitants de la commune.

La bénédiction de ces deux nouvelles cloches
eut lieu le mercredi 16 avril 1858. Ce fut une
véritable fête pour Blérancourt. Dès neuf heures
du matin, presque tous les habitants de la
commune et de très nombreuses députations
des villages voisins avaient envahi l'Eglise
trop petite pour contenir cette foule empressée

d'assister à la cérémonie. La bénédiction a été faite par M. Delaby, curé de Blérancourt, spécialement autorisé par Mgr l'Evêque de Sois - sons sur la demande de M. Heurtaux, maire. M. Boileau, doyen de Coucy-le-Château vint. malgré son grand âge, présider cette cérémonie. A la sortie de l'Eglise, une abondante pluie de dragées tomba. sur les assistants, et les parrains et marraines allèrent en porter dans toutes les maisons. ,

Toutes les dispositions ayant été prises d'avance pour monter promptement les deux cloches et les mettre en place, les habitants de Blérancourt purent entendre, vers trois heures de l'après-midi, leur joyeux carillon dont ils avaient été privés depuis 1793, c'est-à-dire pendant soixante-cinq ans.

L'Eglise du monastère des R. P Feuillants de Blérancourt, détruite pendant la Révolution, possédait trois petites cloches qui furent, comme tant d'autres, envoyées dans les creusets de la république. Un lambeau d'archives, tombé par hasard entre nos mains, nous apprend que, dans l'intervalle des années 1636 à 1643. on refondit deux de ces cloches dans lesquelles il entra deux cent soixante-deux livres de *métail sans compter le vieil.* C'est le seul renseignement que nous ayons.

Une autre petite cloche de la même époque, mesurant 0^m 17 centimètres de hauteur sur 0^m 18 de diamètre à la base, s'est conservée jusqu'à nous. Elle appartient aujourd'hui à M. Decaisne-Cavalier, négociant à Blérancourt, et porte l'inscription suivante :

Edent pauperes et saturabitur caritas 1635.

Ce qui signifie en français :

*Que les pauvres mangent et la charité sera satis-
faite. 1635.*

C'était probablement la cloche du réfectoire
qui, en convoquant les religieux pour les
repas, leur rappelait qu'au sein de la prospé-
rité et de l'abondance, ils ne devaient pas
oublier les pauvres

Les clochettes des horloges de la mairie et
de l'hospice des orphelins de Blérancourt n'of-
frent rien de remarquable et ne portent pas
d'inscriptions. Elles ont été fournies par l'hor-
loger, M. Niot, rue Mandar, à Paris. (M. Blin,
successeur)

La première est une ancienne cloche de
marine dont le son clair et argentin s'entend de
très loin.

La seconde était neuve et fondue exprès pour
l'horloge

IV. — Bourguignon-sous-Coucy

Bourguignon-sous-Coucy était autrefois une
cure séculière du doyenné de Blérancourt, diocèse de Soissons, et était désignée sous le nom
de *Ossancourt, Oussancourt,* ou *Doussancourt-
Bourguignon.* Dans l'*État du diocèse de Soissons
de* 1783, par l'abbé Houllier, cette cure, qui
n'est plus qu'une annexe de celle de Camelin,
est désignée sous le nom de *Oussancourt-et-
Bourguignon.* Sur la carte de Cassini, Bourguignon et Doussancourt sont marqués séparé-
ment, Bourguignon est au Nord avec le moulin, Doussancourt au Midi avec l'église.

Aujourd'hui ce nom d'Ossancourt a disparu

et, comme le fait remarquer M. A. Matton dans son *Dictionnaire topographique du département de l'Aisne*, il ne figure même pas au cadastre de cette commune et n'est rappelé que par l'inscription de la cloche, que voici :

J'ai été bénite par Mre Claude-Antoine Parvillé, curé d'Ossancourt, et nommée Marie-Claudine-Antoinette par les habitants dudit lieu, en 1775.

Cette cloche paraît être la plus petite des trois qui existaient avant la révolution, elle a été reportée dans la case du milieu du beffroi. On n'a pas conservé les inscriptions des deux cloches qui ont été enlevées, et leur acte de baptême ne se trouve pas dans les registres de la paroisse.

On manque également de renseignements sur les cloches qui ont dû exister avant 1775.

V — Caisnes

La paroisse de Caisnes ainsi que celles de Cuts et de Nampcel mentionnées ci-après, sont maintenant du doyenné de Noyon, diocèse de Beauvais. Elles étaient autrefois cures séculières du doyenné de Blérancourt, archidiaconé de la Rivière, diocèse de Soissons.

Les archives de la commune, pas plus que celles de la fabrique, ne donnent de renseignement sur les anciennes cloches de cette paroisse. Des trois qu'elle possédait, deux furent enlevées à la révolution. On sait par les vieillards du pays que c'est la plus grosse cloche qui fut conservée, qu'elle pesait sept cents livres et avait été fondue par M. Cavillier à Solente (Oise). Elle se nommait *Geneviève-Au-*

gustine et avait eu, en 1769, M. Berthe de Pommery, seigneur de Cuts, pour parrain, et Mme Marie-Barbe Sterlin, épouse de M. Maillot, cultivateur à Caisnes, pour marraine.

Elle fut refondue en 1856 pour avoir la cloche actuelle, plus forte, qui pèse 960 livres et mesure 0^m 93 centimètres de diamètre, sur 0^m 75 centimètres de hauteur.

Elle porte l'inscription suivante :

L'an 1856, j'ai été bénite par M. Rogeau, archiprêtre à Noyon, en présence de M. Boitelle, curé de la paroisse de Caisnes. Je suis nommée Lucienne-Charlotte-Marie-Amélie *par Mrs Charles-Louis Arrachart, maire, et Paul-Emile Prache, fermier à Belle-Fontaine, parrains, et Marie-Antoinette Lafeuille, dame Arrachart, et Amélie-Julie Boucher, dame Prache, marraines.*

Cavillier, fondeur à Solente (Oise)

VI. — Camelin

Ce n'est pas sans raison que depuis bien longtemps on dit : Camelin *sonneux*. Ce village, dont l'église et le clocher dominent la vallée, a toujours possédé et possède encore une des plus belles sonneries des alentours, et de plus, une précieuse petite cloche, dite de Saint Pierre, que je crois être la plus ancienne du diocèse de Soissons et peut-être de France. Elle mesure 0^m 72 centimètres de hauteur sur 0^m 84 de diamètre et fut fondue en 1361 par Jean Jouvente qui fit aussi, pour le roi Charles V, la cloche de l'horloge du Palais à Paris, celle du château de Montargis, ainsi que la cloche de la Commune à Chauny, qui maintenant sonne les heures à l'horloge de l'Hôtel-de-Ville. Parmi les anciennes cloches du département de l'Aisne je n'en connais que deux autres du quatorzième siècle, ce sont celles de :

Vieil-Arcy (canton de Braine) datant de l'année 1377,

Essomme (canton de Château-Thierry) datant de l'année 1389.

Elles sont, comme on le voit, plus jeunes que celle de Camelin sur laquelle on lit l'inscription suivante :

Je porte le nom demiselle Jehenne Deluilly (1), *qui fu fame Bocéré de Kamely, et me fist Jehan Jouvente, l'an M.CCC.XI & L.* (1361.)

Une tradition rapporte que, dans un temps éloigné, l'évêque de Noyon voulut faire transporter cette cloche dans sa cathédrale ; mais arrivée au bord du ruisseau qui limite le territoire de la commune, elle s'arrêta court et devint si lourde qu'on ne put la conduire plus loin, vingt chevaux attelés à la voiture ne purent l'ébranler et il fallut bien la ramener à Camelin, un seul cheval fut plus que suffisant pour opérer ce retour.

Vers 1838, cette même cloche ne se montra cependant pas aussi récalcitrante, mais c'était pour son bien et avec promesse d'être aussitôt réintégrée dans son clocher : une de ses anses s'étant cassée, elle se laissa emporter à Blérancourt chez M. Lemaire-Warnier, maréchal-

---

(1) On peut lire Deluilly ou Delvilly, selon que l'on voit, après le premier l, un u ou un v.

ferrant, qui la raccommoda et la remit en place quelques jours après.

On raconte aussi, qu'en 1791, les habitants s'opposèrent énergiquement à l'enlèvement de cette petite cloche à laquelle ils tenaient beaucoup, on ajoute que c'est à M. Hubert Pollet, dit Narbonne, alors maire du Fresne, que l'on doit sa conservation. Il réclama fortement en disant que, puisqu'il était permis de laisser une cloche dans chaque commune pour convoquer les habitants aux assemblées, il en fallait une pour Le Fresne, (alors commune séparée,) et une pour Camelin. La cloche Saint-Pierre resta donc au clocher, on dit même que, par précaution, on la cacha en l'enveloppant de planches clouées autour sur la charpente ·

Des trois autres cloches, deux furent précipitées au bas du clocher où elles restèrent longtemps, dit-on, avant d'être transportées au district à Chauny. On n'a malheureusement pas conservé leurs inscriptions, il ne resta que la plus grosse, qui pesait 746 kilogrammes, et sur laquelle était écrit ce qui suit :

J'ai été bénite par Mre François Barnin, curé de Camelin, et nommée Marie-Anne par M. Hubert Pollet, fermier de la maison seigneuriale du Fresne, parrain, et par Marie-Anne De la Porte, épouse de M. Louis Bontemps, fermier de la maison seigneuriale du Voisin, marraine. 1724. Marie Dupuis, épouse dudit parrain. Jean Leroux, marguillier, Louis Rendu, maréchal, Jean Flahaux.

Jean Longuet et Marchand m'ont faite.

On dit que ces trois cloches de 1724 ont été fondues dans la cour de la petite ferme de

M. Jean Bontemps au Fresne, sur la route de Blérancourt à Noyon, habitée aujourd'hui par M. Pollet Bontemps.

En 1858, on décida de faire refondre cette ancienne cloche, et M. Trouvelot (1), curé de Camelin, fit parmi ses paroissiens une souscription à laquelle il prit lui-même une large part; elle produisit plus de 6,300 francs et permit l'achat de trois cloches plus fortes que les anciennes. Elles sortent des ateliers de M. Guillaume Besson, fondeur à Angers Elles forment une magnifique sonnerie dont les habitants de Camelin sont fiers à bon droit, et qui leur conservera jusqu'a la fin des siècles le surnom bien mérité de *sonneux* qu'ils ont depuis un temps immémorial

Sur la plus grosse cloche, pesant 973 kilogrammes, se trouve l'inscription suivante :

Bénite le 2 Septembre 1858 par M Boileau, curé doyen de Coucy-le-Château ; M. Trouvelot étant curé, et M. Pollet-Mouy maire de Camelin J'ai été nommée Virginie Elise Madeleine ; j'ai eu pour parrains M. Pollet-Clouet, cultivateur à la cense de Le Fresne, et M. Bayard-Maréchal, maire de Lombray ; et pour marraines, Mme Flahaux-Lamand, cultivatrice à Bresson, et Mme Randu-Bayard, propriétaire à Le Fresne, laquelle a donné

---

(1) M. Trouvelot, Jean Louis Thomas était un des plus anciens prêtres du diocese e Soissons. Ordonné le 9 Juin 1827 par Mgr de Simony, il comptait plus de 53 ans de sacerdoce et était à Camelin depuis 1830, quand il mourut le huit Septembre 1881, dans sa 76e année.

800 *francs pour moi, en faveur de l'âme de Philo-*
mène Randu, sa fille, décédée le 4 novembre 1857.
. *Fonderie de Guillaume Besson, à Angers.*
Sur la moyenne cloche pesant 708 kilogrammes :

Bénite le 2 Septembre 1858, par M. Boileau, curé
doyen de Coucy-le-Château, M Trouvelot étant
curé et M. Pollet-Mouy maire de Camelin. J'ai été
nommée Marie Adèle Clémence ; j'ai eu pour par-
rains M. Pollet-Randu et M. Flahaux-Vray, culti-
*vateurs à Le Fresne, et pour marraines M*me *Ber-*
*thault-Bocquet, propriétaire à Camelin, et M*me
Coutant-Galopin, meunière à Besmé.
Fonderie de Guillaume Besson, à Angers.
Sur la petite cloche pesant 484 kilogrammes :
Bénite le 2 Septembre 1858 par M. Boileau, curé
doyen de Coucy-le-Château, M. Trouvelot étant
curé et M. Pollet-Mouy maire de Camelin J'ai été
nommée Florentine-Elisabeth ; j'ai eu pour parrains
M. Bocquet-Lemaire Grégoire, propriétaire à Lom-
bray, et M. Billiaux Eugène, cultivateur à Besmé,
*et pour marraines M*lle *Coutant Florentine, pro-*
*priétaire à Besmé, et M*lle *Coufourier Elisabeth,*
propriétaire à Camelin.
Fonderie de Guillaume Besson, à Angers.

De la cure succursale de Camelin dépendent :
Bourguignon-sous-Coucy, comme annexe,
qui a ci-dessus son article.
Besmé, qui n'a jamais eu d'église.
Le Fresne, qui formait autrefois une paroisse
séparée sous le vocable de Saint-Quentin, et
dont l'église fut détruite longtemps avant la
révolution.
Lombray, qui possède une petite chapelle due

à la générosité de M. A. Bayard-Maréchal, maire de Lombray, qui la fit construire à ses frais en 1852 Elle fut érigée en chapelle de secours le 21 décembre 1855. Son clocher renferme une petite cloche pesant environ trente kilogrammes, fondue en 1852 par M Cavillier, de Carrépuits, et bénite la même année par M. Trouvelot, curé de Camelin. Elle a pour parrain M. Maréchal-Lemoine et pour marraine Mme Virginie Bayard, épouse de M Dufour de Varesne.

Bresson a aussi sa petite chapelle dédiée à St-Roch, bâtie en 1849. Sa clochette, du même fondeur et bénite par M. Trouvelot. a eu pour parrain M. Flahaux Isidor, cultivateur à Bresson, et pour marraine Mme Pollet-Cleuet, cultivatrice au Fresne Elle pèse environ quinze kilogrammes.

VII — Cuts

La paroisse de Cuts possédait autrefois 3 cloches : La grosse avait été bénite, en 1603, par . . . .   (nom resté en blanc), et nommée Louise par Bernard Colmart, de Longueval, enfant d'honneur de Louis XIV, et Louise de Favilleuse, dame de Tracy.

Jean Beaudoux, marguillier.

La moyenne avait été bénite en 1637 par M. Jean Brasset, curé de Cuts, et nommée Magdelaine par Mre Robert d'Aumale, chevalier, seigneur de Nampcel, Cambronne, Béthancourt, Estrée, Mermy, Ramicourt, Vadencourt, etc., et par Damoiselle de Saulie, femme de Messire

Louis Ducloselle, chevalier, seigneur du Voisin, Bresson, Camelin en partie. ·

Nicolas Petit, clerc.

La petite avait été bénite en la même année 1637 par M. Jean Brassel, curé de Cuts, et nommée Anna par Mre Robert de Bovant, écuyer, seigneur de Fontaine, prêtre docteur en théologie, chanoine et grand vicaire de Noyon, et par *Damoiselle* (1) de Saint-Massan, licentié-ès-loix (*sic*), avocat au parlement, bailly et maire de Noyon.

La moyenne et la petite furent enlevées à la révolution ; la grosse resta jusqu'en 1806, époque où, s'étant cassée, on la fit refondre selon le traité ci-dessous :

L'an 1806, le 23 du mois de Mars, nous maire, marguilliers et curé desservant de la commune de Cuts, assemblés au lieu ordinaire, sommes convenus avec le sieur Florentin Cavillier, marchand fondeur, demeurant à Carrépuits, près Roye, de ce qui suit, savoir :

Le sieur Cavillier s'oblige de fondre notre cloche, actuellement au clocher, pesant environ 550 livres et d'y ajouter autant de matière que nécessaire pour lui donner le poids de six cents livres, de la rendre bien sonnante et de la garantir pendant un an et un jour ; et nous de notre côté nous obligeons de lui conduire ladite cloche et de la ramener à nos frais, de lui payer vingt livres par cent de façon, trente et un sols par livre de matière qu'il ajoutera et de lui tenir compte de cinq livres de déchet pour cent, et

____

(1) On a sans doute voulu dire la fille de M. de Saint-Massan.

en outre de lui payer la moitié du montant,
comptant, au jour du retour de la cloche, et
l'autre moitié au bout d'un an et un jour.
Enfin nous nous obligeons encore de lui en-
voyer les ferrures et battant et lui payer cin-
quante livres pour la monture neuve et nouveau
battant qu'il s'est engagé de nous livrer ensem-
ble avec la cloche.

Fait double entre nous maire, marguilliers,
curé desservant et fondeur, à Cuts, le 23 Mars
1806, et ont signé :

Yverlet, Collard, Berthe de Pommery, maire,
P. Fagard, curé desservant, Florentin Cavillier.

Cette cloche fut bénite le 25 Mai 1806, jour
de la Pentecôte, par M. P. Fagard, curé desservant de la paroisse de Cuts, et nommée Louise
par Messire J. B. Marie Charles Antoine Berthe
de Pommery, maire de Cuts et président du
canton de Noyon, et par Damoiselle Louise
Berthe de Pommery. Elle pesait 701 livres,
poids de marc

En 1810, on décida de faire l'acquisition de
deux cloches, et l'on fit avec le même fondeur
le traité suivant :

L'an 1810, le 26 Juillet, nous maire, adjoint,
marguilliers et curé desservant de la commune
de Cuts, sommes convenus avec le sieur Florentin Cavillier, marchand fondeur à Carrépuits, près Roye, qu'il nous livrera deux cloches
de beau métail (*sic*), sonnantes et concordantes
avec celle que nous avons actuellement au clocher, de les garantir pendant un an et un jour,
de fournir les battants, montures et toutes
ferrures nécessaires pour les monter, et, pour
ce, que nous lui payerons le métail (*sic*) à 40

sols la livre pesant poids de marc ; pour les battants, montures et ferrures la somme de 150 livres, et pour le tout de lui compter 800 livres au jour de la livraison desdites cloches à Cuts, 200 livres au 1er Janvier 1811, et le reste de la somme en deux paiements égaux : le premier au 1er septembre 1811 et le deuxième au 1er du même mois 1812, à faute de quoi ledit fondeur est autorisé à reprendre une cloche pour compléter son paiement.

Fait double et signé à Cuts les jour, mois et an que dessus :

Yverlet, Cottard, Berthe de Pommery, maire, P. Fagard, curé desservant, Florentin Cavillier, fondeur.

Voici les actes de bénédiction de ces deux cloches, pesant l'une 520 livres, l'autre 372 livres, poids de marc :

Le 4 Novembre 1810 a été bénite par moi curé desservant soussigné, la seconde cloche de cette paroisse, et nommée Angélique par M. Louis Nattier, adjoint de la commune, et Marie Angélique Olivier, épouse de M. Lucien Azœuf.

P. FAGARD, c. d.

Le 4 Novembre 1810, a été bénite par moi curé desservant soussigné, la troisième cloche de cette paroisse et nommée Marie par M. Jean Azœuf, premier membre municipal, et Marie Cécile Azœuf, épouse de M. Jean Galopin.

P. FAGARD, c. d.

Ainsi fut rétablie, en 1810, l'ancienne sonnerie de trois cloches ; il est à remarquer que la paroisse de Cuts fut la première du doyenné de

Blérancourt qui fit cette dépense. Saint-Paul-aux-Bois vient après, en 1812 ; puis Audignicourt, en 1823 ; Nampcel en 1825 ; Quierzy en 1828 ; Trosly-Loire en 1838 ; Blérancourt et Camelin en 1858 ; Manicamp en 1867.

Caisne en 1856 ; Vézaponin en 1860 ; et Blérancourdelle en 1864, firent refondre leur unique cloche.

Les cinq autres paroisses dudit doyenné restent encore avec une seule et ancienne cloche, ce sont :

Bourguignon,	cloche de	1775
Morsain,	—	1773
Saint-Aubin,	—	1649
Selens,	—	1606
Vassens,	—	1735

En 1864, M. Aimé de Pommery ayant donné les fonds nécessaires pour construire le magnifique clocher qui orne maintenant l'église de Cuts, on décida d'avoir trois cloches plus fortes dont la sonnerie pourrait s'entendre d'un bout à l'autre du territoire fort étendu de la commune. On s'adressa encore à M. Cavillier qui fournit les trois cloches actuelles, dont voici les inscriptions :

Sur la grosse pesant 1250 kilogrammes :

L'an 1864, j'ai été bénite par Mgr Gignoux, évêque de Beauvais, en présence de M. Lemaire, curé de Cuts, et de M. Azœuf Henri, maire, et MM. Cochin-Dufour, Galopin Nicolas, Trolard-Baudoux, Braux-Lhommé et Gloux-Baudoux, membres de la fabrique.

Je suis nommée Louise Aimée par M. Aimé de

Pommery, parrain, et par Louise Dauphine Lemoine, dame Brun, marraine.

Sur la moyenne pesant 1,000 kilogrammes :

L'an 1864, j'ai été bénite par Mgr Gignoux, évêque de Beauvais, en présence de M. Lemaire, curé, et des autorités de Cuts. Les principaux donateurs sont M. et Mme Brun, M. et Mme de Pommery Isidor, Trolard et Pascaline, sa fille, Olivier Galopin, Firmin-Coutant, Cochin, curé de Nampcel, Croizet, médecin, la famille Louart.

Je suis nommée Julia Irène Amélie par M. Zéphirin Emery-Billiard, parrain, et par Amélie Baudoux, dame Gloux, marraine.

Sur la petite pesant 750 kilogrammes :

L'an 1864, j'ai été bénite par Mgr Gignoux, évêque de Beauvais, en présence de M. Lemaire, curé, et des autorités de Cuts. Les principaux donateurs sont MM. Cottard-Olivier, St-Leau, et Mme veuve Leroux-Cottard, M. et Mme Brunet, Jules Mouton, médecin, etc.

Je suis nommée Madeleine par M. Gustave Prévost, parrain, et par Mme Madeleine Amélina Delacourt, sa mère, marraine.

VIII. — Manicamp

Avant l'année 1765, l'église de Manicamp possédait trois cloches qui pesaient :

La plus grosse	1,627	livres
La moyenne	1,141	—
La petite	833	—
Ensemble :	3,601	livres.

Ces cloches·s'étant fendues et ébréchées, et leur sonnerie devenant de plus en plus discordante la communauté des habitants décida de les faire refondre pour avoir trois cloches neuves d'environ même poids. A cet effet, un état de marché fut conclu le 17 Mars 1765 entre M Cavillier, fondeur à Carrépuits, et M. Charles Honoré Bacquet, syndic de la paroisse. Le prix convenu fut de 500 francs pour la façon, et de 28 sous la livré pour l'augmentation de métal, s'il y en avait. Le tout payable en cinq ans.

Le neuf Mai 1765, M. Cavillier fournit les trois cloches neuves dont le poids se trouva être :

La plus grosse	1,620	livres
La moyenne	1,185	—
La petite	845	—
Ensemble :	3,650	livres.

Ces trois cloches avaient été fondues sur place à environ 500 mètres vis-à-vis le château sur un terrain qui depuis a conservé le nom de *Pré des cloches*.

Elles durèrent jusqu'à la révolution, époque où 2 furent enlevées et envoyées avec tant d'autres au district à Chauny, puis à l'hôtel des monnaies de Lille, pour être converties en monnaie de billon.

La plus grosse avait été conservée, mais l'église ayant été démolie en 1797, elle fut jetée à bas du clocher et resta longtemps parmi les décombres, dans l'enceinte du château.

Plus tard, M. de Lauraguais ayant consenti

à revendre à la commune l'ancien presbytère moyennant trois mille francs, quelques notables habitants, qui s'étaient portés caution pour le paiement de cette somme, demandèrent a l'ancien seigneur de leur abandonner cette cloche, ce qu'il fit volontiers. Elle fut aussitôt transportée et déposée à la porte de la grange où l'on célébrait provisoirement l'office divin. Elle y resta plus de quarante ans, et même, pendant quelque temps, et quoique fêlée, elle fournit un signal tel quel pour annoncer les offices : on la tenait dressée sens dessus dessous et on frappait en dedans avec un marteau fait exprès pour cet usage, la singulière cacophonie qui en résultait a laissé dans le pays des souvenirs qui sont à peine effacés aujourd'hui.

Le 10 Août 1840, le conseil municipal prit une délibération par laquelle, déclarant sans façon la commune de Manicamp propriétaire de cette ancienne cloche, il en demandait la vente pour en employer le produit à l'acquisition d'une pompe à incendie.

Le conseil de fabrique protesta aussitôt contre cette prétention, et dans une délibération parfaitement motivée, démontra par des raisons péremptoires que la cloche appartenait à la fabrique.

M. le Préfet de l'Aisne fut de cet avis et mit fin au débat par la lettre ci-dessous, datée de Laon, 3 Avril 1841. adressée à

Monsieur le Président du conseil de fabrique,

« Je viens d'examiner les pièces qui accom-
» pagnaient votre lettre du 20 Mars dernier,
» concernant l'ancienne cloche de l'église dé-

» molie de Manicamp. Cette cloche qui, en
» principe, doit appartenir à la fabrique, ne
» m'est pas démontrée avoir été achetée des
» deniers de la commune et pouvoir être deve-
» nue ainsi sa propriété ; la commune, à cet
» égard, n'administre aucune preuve, ne jus-
» tifie d'aucun acte et dès lors les droits de la
» fabrique restent intacts.

» Je vous autorise donc à traiter, aux condi-
» tions les plus avantageuses, avec un fon-
» deur, pour la vente de cette ancienne cloche,
» dont le prix devra être employé, savoir : jus-
» qu'à concurrence de 1,000 à 1,200 fr. en achat
» de rentes sur l'Etat, et le surplus aux dépen-
» ses intérieures que l'église peut exiger.

» Le traité portant vente de la cloche sera
» soumis en double original et sur timbre à
» mon approbation ; il en sera joint une copie
» certifiée sur papier libre pour mes bureaux.

» Je vous prie de donner communication de
» la présente à M. le Maire de Manicamp. »

Recevez, Monsieur le Président, l'assurance
de mes sentiments les plus distingués,

Le Préfet,

DESMOUSSEAUX DE GIVRÉ.

La vente en fut faite à M. Cavillier-Delavenne
fondeur à Solente, qui en avait offert le prix le
plus élevé (2 fr 02 c. le kilog.). On trouva un
poids de 771 kilog. 500 gr. Le produit fut donc
de 1558 fr. 43 c. qui fut employé comme il est
stipulé dans la lettre ci-dessus, et ainsi que le
conseil de fabrique le demandait.

Avant l'enlèvement de cette ancienne cloche,

M. l'abbé Carlet, curé de Manicamp, avait eu
la précaution de prendre copie de son inscription, et il a bien voulu me la communiquer,
comme d'ailleurs il m'avait donné, avec la
plus grande complaisance, tous les autres renseignements contenus dans cet article, je suis
heureux de lui en témoigner ici mes plus sincères remerciements.

Voici cette inscription :

*L'an 1765, j'ai été bénite par Mre Louis Alexis
de Marolles d'Ambleville, écuyer, prêtre licencié en
l'un et l'autre droit de la Faculté de Paris, Prieur
de St Mesmin de Magnitost, curé de ce lieu, haut et
puissant seigneur, Mre Louis Léon Félicité de Brancas, comte de Lauraguais et de Manicamp, et nommée Rosalie Françoise par Mre Jacques François
Sauville, chanoine régulier de Prémontré, Prieur
curé de Salency, et par Demoiselle Anne Rosalie
Dobsen, fille de Mre Claude Maurice Dobsen, bourgeois et administrateur de l'hôpital de Noyon et de
Dame Marie Marguerite Fontantin, son épouse, et
C. Etienne Lacroix, marguillier, Mre Honoré
Claude Bacquet, sindic, Simon Roucher, clerc.*

Au bas, sur les quatre faces, étaient repré-
sentés :

1° Un calvaire au pied duquel paraissent la
Ste Vierge, St Jean et Ste Madeleine ;
2° Les armes de M. de Brancas, comte de
Lauraguais, qui étaient : d'azur, au pal d'argent,
chargé de trois tours de gueules, et accosté de
quatre jambes de lion d'or, affrontées en bandes
et en barres, mouvantes des flancs de l'écu.

3° Probablement celles de M. de Marolles
d'Ambléville, curé de Manicamp ;

4° L'adresse des fondeurs ainsi conçue :
*Philippe et Florentin Cavillier, fondeurs à Carré-
puis, près de Roye.*

Le nouveau clocher de Manicamp renferme
une des plus fortes et des plus belles sonneries
du doyenné. Une grande cérémonie eut lieu le
26 mai 1867 pour la bénédiction de cet élégant
clocher et de ses trois cloches. En voici le
procès-verbal :

« L'an 1867 le 26 mai, 5° dimanche après
« Pâques, fête de Marie, mère de miséricorde,
« ont été bénites *(sic)* par M. Henri Congnet,
« doyen du chapitre de la cathédrale de Sois-
« sons, délégué par Monseigneur l'Evêque, à
« la place de M. Joseph Boileau (1), curé-doyen
« de Coucy-le-Château, empêché par maladie,
« le clocher et les trois nouvelles cloches de
« l'église de Manicamp.

« La première cloche a eu pour parrain M.
« Marie-Théophile Carlet, curé de la paroisse,
« et pour marraine Mme Emilia Démajeaux,
« épouse de M. Henri Lemoine, maire de Trosly-
« Loire.

(sic) M. l'abbé Marion, curé de Septvaux, fit cette
faute involontaire et la reconnut de suite sur la simple
observation qu'on lui en fit plaisamment, mais ripos-
tant sur le même ton, il donna pour excuse qu'il
avait cru que trois noms féminins devaient bien l'emporter sur un seul masculin, et la faute ne fut pas
corrigée.

(1) M. Boileau mourut le 4 avril 1869 dans sa 89°
année.

« La deuxième a eu pour parrain M. Basile
« Delacroix-Foulon, maire de Manicamp, et
« pour marraine Mme Célestine Flahaux, veuve
« de M. Alexandre Clément.

« La troisième a eu pour parrain M. Louis
« Fagard-Lamand, et pour marraine Mme Marie
« Tellier, épouse de M. Casimir Lemoine, fils
« de M. Lemoine-Souaille, adjoint.

« Lesquels ont signé le présent acte ainsi
« que MM. les ecclésiastiques présents. »

Les inscriptions gravées sur les cloches ne
sont pas tout à fait d'accord avec ce procès-
verbal qui, lui, est exact et vrai : elles portent
M. Boileau, doyen de Coucy-le-Château, comme
ayant béni ces cloches ; on n'avait pu prévoir
qu'il en serait empêché par la maladie et
serait remplacé par M. Henri Congnet, doyen
du chapitre de Soissons.

De même M. Carlet, curé de Manicamp, fut
parrain de la grosse cloche à la place de M.
Calixte Clément-Gadiffert dont le nom figure
sur la cloche, mais qui au dernier moment se
trouva empêché d'être parrain, honneur qu'il
méritait pourtant bien par sa généreuse of-
frande.

Il est à remarquer aussi que ces cloches,
quoiqu'ayant eu parrains et marraines, n'ont
pas reçu de noms, comme cela se fait ordinai-
rement. Il paraît cependant que c'est par oubli
ou omission que le procès-verbal ni les inscriptions n'en font mention, et qu'il avait été
convenu qu'elles porteraient les prénoms des
marraines, sans se préoccuper de ceux des
parrains. D'après cela la première doit s'appeler *Emilia*, la seconde *Célestine*, la troisième

Marie, et les parrains et marraines durent leur
imposer verbalement ces noms au cours de la
cérémonie du baptême.

Ces trois cloches furent livrées par M. Drouot,
fondeur à Douai, suivant un traité, passé le 3
avril 1867, qu'il serait trop long de relater ici,
mais qui peut servir de modèle tant il est bien
conçu. M. Drouot en exécuta toutes les clauses
loyalement et à la satisfaction générale, ce qui
lui valut l'élogieux certificat suivant :

« Le conseil de fabrique de l'église Saint-
« Pierre de Manicamp, avant de témoigner au-
« thentiquement à M. Drouot, fondeur à Douai,
« sa satisfaction au sujet des trois cloches qu'il
« a fournies le 26 mai 1867, a voulu attendre
« quelque temps afin de pouvoir exprimer sa
« pensée avec une plus parfaite connaissance.

« Aujourd'hui, après l'expérience de près
« d'une année, nous témoignons très-volon-
« tiers à M. Drouot notre contentement person-
« nel et celui toujours croissant de tous les
« habitants de la paroisse.

« M. Drouot, malgré l'extrême modération
« des prix, a complètement rempli toutes les
« conditions, quelque sévères qu'elles fussent,
« du marché conclu avec lui. Le son de ses
« cloches est puissant et harmonieux, l'accord
« en est parfait, le balancement facile, les ac-
« cessoires ne laissent rien à désirer.

« Le fondeur de Douai a réalisé une condi-
« tion qui paraissait à plusieurs inexécutable.
« L'un de ses concurrents, artiste distingué,
« écrivait ironiquement le 7 avril 1867 : *Per-*
« *mettez-moi de vous adresser mes bien sincères*
« *félicitations sur la découverte que vous avez*

« *faite d'un nouveau Josué qui s'est chargé de*
« *faire sonner les cloches une heure après la béné-*
« *diction, car de ce cas je suis intimement con-*
« *vaincu que la Fabrique empochera les cent francs*
« *d'amende.*

« Il n'a pas été nécessaire d'arrêter le soleil
« et la Fabrique n'a rien empoché, car grâce
« aux préparatifs et à l'habileté de M. Drouot,
« une heure après la bénédiction, un poids de
« plus de trois mille kilogrammes était hissé à
« une hauteur de vingt mètres et les trois
« cloches envoyaient au loin leurs joyeuses
« volées ; et les nombreux assistants, plus
« heureux que beaucoup d'autres en pareille
« circonstance, n'ont pas eu le désappointement
« de s'en retourner chez eux sans avoir en-
« tendu la délicieuse harmonie des voix cé-
« lestes.

« En foi de quoi nous signons le présent
« certificat non par complaisance mais par
« conviction, et par reconnaissance.

    « Fait à Manicamp le 19 avril 1868 et ont
       « signé tous les membres du conseil de
      « Fabrique. »

Le poids des cloches vérifié à la bascule de la
gare aux marchandises de Chauny se trouva
être bien le même que celui annoncé par le
fondeur, soit : 1.197 kilogr. pour la grosse,
          860   »   pour la moyenne,
          634   »   pour la petite,

Total : 2.691 kilogrammes,

et comme ce dernier s'était engagé, par le

traité ci-dessus mentionné, à fournir ces trois
cloches avec tous leurs accessoires moyennant
le prix unique de trois francs quinze centimes
par chaque kilogramme de bronze sans aucun
frais supplémentaire, il eut à recevoir une
somme nette de huit mille quatre cent soixante-
seize francs soixante-cinq centimes (8.476 fr.
65 c.) qui lui fut payée moitié comptant moitié
un an après sans intérêt. Cette dépense ainsi
que celle de la construction du clocher fut cou-
verte par une souscription faite parmi les habitants de Manicamp sur l'initiative de M. l'abbé
Carlet, leur curé, et à laquelle il prit lui-même
une large part. Elle produisit plus de 26,000 fr.

Et, pour terminer cet article, je dois parler
aussi d'une petite cloche qui fut fondue en 1808
par MM. Cavillier de Carrépuis avec des débris
d'anses cassées de l'ancienne grosse cloche dont
il est question ci-dessus, et que lui remit M.
Duriez, alors curé de Manicamp. Elle servit
d'abord à appeler les fidèles aux offices que l'on
célébrait provisoirement dans l'ancienne grange
du presbytère. Plus tard, en 1835, quand l'é-
glise actuelle fut construite, mais sans clocher,
on la suspendit dans une arcade à jour faite
exprès au-dessus du portail. Enfin elle est aujourd'hui placée au-dessus des trois grosses
cloches et sert à suppléer celles-ci dans certains
cas.

Elle pèse trente-huit kilogrammes 300 gram-
mes et porte l'inscription suivante :

En 1808, fondue par Florentin et Louis Ch. Ca-
villier à Carrrepuis.

IX. — **Morsain**

Morsain, autrefois cure séculière du doyenné de Blérancourt, appartient aujourd'hui au doyenné de Vic-sur-Aisne, diocèse de Soissons.

On trouve dans les registres de paroisse un acte de baptême de trois cloches, dont voici la copie textuelle :

« *L'an de Notre Seigneur* 1690, *le* 22e *jour du mois d'octobre ont été bénites par Mre Paul Ratouin, docteur de Sorbonne et chanoine de l'église de Soissons, à la prière de Mre Louis Béra, prêtre curé de Saint-Martin de Morsain les trois cloches de cette paroisse dont :*

« *La première a été nommée Marguerite par Mre Jean Bachelier, archidiacre et chanoine de l'église cathédrale de Soissons, et Dame Charlotte De Grené, chanoinesse de Poussai, présente, pour Dame Marguerite Colbert, veufve de feu Vincent Lotman, intendant des finances.*

« *La seconde nommée Catherine par Nicolas Morant, bourgeois de Soissons, et Dame Marie-Catherine Béra, femme de Raoull Lévesque, seigneur de Moricourt, conseiller du roi, président à l'Election et grenier à sel de Compiègne.*

« *La troisième nommée Magdelaine par Philippe Béra, officier de l'artillerie de France, et Damoiselle Magdelaine Morant, femme de Messire Charles-Siméon Dumont, conseiller au bailliage et siège présidial de Soissons.*

« *Le tout selon les cérémonies ordinaires et avec témoingts pris assistant Mre Nicolas de Villeronde, prieur de Nampcel et Jacques Levasseur, prêtre curé de Vézaponin.*

Signé : Bachelier, De Grené, chanoinesse, Morant, Marie-Catherine Béra, Magd⁰ᵉ Morant, De Villeronde, Béra, Dumont, et une autre illisible, probablement P. Ratouin. »

Ces trois cloches de 1690 n'existaient plus à l'époque de la révolution, elles avaient été remplacées par trois autres en 1773. On n'a pas conservé les inscriptions des deux qui furent enlevées ; celle qui resta, et existe encore, porte l'inscription suivante :

J'ai été bénite par Mⁱʳᵉ Claude-Louis Picard, prêtre curé de cette paroisse, et nommée Jeanne par Messire Jean-Thomas Sézille, seigneur du Buhal, Morsain, Richebourg, Eury, Champeau, Commelancourt et Berlinval, écuyer, conseiller du roy, président et trésorier de France au bureau des finances de la Généralité de Soissons, et par Dame Adélaïde-Victoire Lejeune Du Tillard, son épouse, en 1773.

La cloche porte les armes du parrain et de la marraine. On dit qu'elle pèse dix-neuf cents livres. Le nom du fondeur ne s'y trouve pas, mais il y a tout lieu de croire que c'est Guillaume, car c'est lui qui fondit aussi, en cette même année 1773, les cloches d'Epagny, et, en 1774, celles de Fontenoy, deux pays voisins de Morsain

Pour compléter ces renseignements je dois ajouter que l'une des trois cloches de 1690, la petite, s'étant sans doute cassée, avait été remplacée en 1715, car j'ai trouvé dans les archives de la commune l'acte de bénédiction ci-dessous :

« Le trois novembre mil sept cent quinze a été bénite par moi prêtre curé soussigné la petite des trois cloches de l'église avec les cérémonies prescrites par le rituel et à été nommée Henriette Géneviève. Le parrain M. Louis Aitraux, capitaine du château de Vic-sur-Aisne pour et au lieu et place de Messire Henri-Charles Arnaut de Pomponne, conseiller d'Etat, abbé de l'abbaye royale de Saint-Médard de Soissons qui a signé avec nous prêtre curé ces jour et an susdits en présence de Vincent Blesson, écuyer, garde de S. A. royale Monsg[r] le Duc d'Orléans, de Pierre Godard, marchand à Soissons, de Pierre Lévesque, officier de l'hôtel-de-ville de Soissons, qui ont aussi signé le présent acte.

AITREAULT (1).

BLESSON. LÉVESQUE. GODARD.
LÉVESQUE, curé de Morsain.

X. — **Nampcel**

L'église de Nampcel possédait autrefois quatre cloches qui furent toutes enlevées à la révolution. On trouve dans les archives de la paroisse, à la date du 21 décembre 1792, an 1er de la République française, le *Relevé et Etat* des dépenses faites tant pour argent déboursé pour le surplus des poids des cloches que pour pesage des quatre cloches au district de Noyon, que dépenses pour autres frais des dénommés Pierre Lecocq, maire, Jean Lemaire, maréchal, Clément Démont, procureur de la commune,

---

(1) Dans l'acte, le nom du parrain est écrit : Louis Aitraux, et il a signé : Aitreault.

J'ai dû copier textuellement.

Jacques Villion, sonneur, Rufin Lahobe, et deux domestiques des citoyens laboureurs, pour un premier voyage à Noyon le lundi 7 Novembre 1791, et pour un second voyage le jeudi dix du même mois.

Quelque temps après l'on reconnut que la commune ne pouvait se passer de cloche et l'on en racheta une pesant sept cents livres, provenant du couvent Saint-Maurice de Noyon. Elle resta seule au clocher jusqu'en 1825, époque où l'on en ajouta deux achetées et fondues à Paris et qui ne s'accordaient pas bien.

La moyenne cassa et fut refondue en 1840.

La petite cassa aussi en 1862, alors on décida de faire refondre les trois pour avoir celles qui existent encore aujourd'hui. Il m'a été impossible de retrouver les inscriptions des anciennes cloches disparues, je ne puis que donner celles des cloches actuelles, les voici :

Grosse cloche, pesant 402 kilogrammes.

L'an 1863, j'ai été bénite par M. Louis-Charles-Prosper Cochin, curé de Nampcel, en présence de M. Pierre-Hubert Dubois, maire, et je suis nommée Ernestine-Gabrielle par M. Paul-Philibert-Ernest Brunet, comte d'Evry, parrain, et par Mme Louise-Gabrielle de Rosière de Soran, marquise de Monteynard, marraine.

Moyenne cloche, pesant 300 kilogrammes.

L'an 1863, j'ai été bénite par M. Louis-Charles-Prosper Cochin, curé de Nampcel, en présence de M. Pierre-Hubert Dubois, maire, et je suis nommée Julienne-Suzanne par M. Jules-Auguste Fouillard, adjoint, parrain, et par Mme Suzanne Nouelle, épouse de M. Eugène Labarre, marraine.

Petite cloche, pesant 214 kilogrammes.

L'an 1863, j'ai été bénite par M. Louis-Charles-Prosper Cochin, curé de Nampcel, en présence de M. Pierre-Hubert Dubois, maire, et je suis nommée Eugénie-Emilie *par M. Eugène-Espérance Labarre, parrain, et par Mme Emilie-Octavie Hubert, épouse de M. Fouillard, marraine.*

CAVILLIER, *fondeur à Solente (Oise).*

XI. — Quierzy

En 1827, les habitants de Quierzy, voulant rétablir leur ancienne sonnerie, firent fondre par M. Cavillier à Solente (Oise) deux cloches pour accorder avec celle qui avait échappé à la révolution. Le traité fut signé le 12 octobre 1827 et les cloches livrées en février 1828. Voici les deux actes de leur bénédiction :

« L'an mil huit cent vingt-huit, le dimanche
« dix-sept février, a été bénite la moyenne clo-
« che par moi curé desservant de Manicamp et
« de Quierzy *ad interim* soussigné *Marie-Anne-*
« *la-Désirée.* Le parrain a été Augustin-Théo-
« dore-François Mouy, fermier de la ferme de
« Montjay et adjoint de ladite commune ; la
« marraine Marie-Anne Périn, femme d'An-
« toine-Sulpice-Désiré Lefèvre, propriétaire
« aussi en cette même commune qui ont signé :

« MOUY, adjoint.   M. A. PÉRIN.

DURIEZ, curé.

« L'an mil huit cent vingt-huit, le dimanche
« dix-sept février, a été bénite la petite cloche
« par moi curé desservant de Manicamp et de
« Quierzy *ad interim* soussigné *Adélaïde-la-*
« *Bienvenue*. Le parrain a été Pierre-François
« Vignon, cultivateur audit Quierzy ; la mar-
« raine Adélaïde Foulon, femme de Jean Fran-
« çois, cultivateur, demeurant audit Manicamp
« qui ont signé :

VIGNON.   A^de FOULON.   DURIEZ, curé.

On n'a pas conservé l'inscription de la plus
grosse et ancienne cloche et encore moins de
ses deux sœurs enlevées à la révolution. On
sait seulement que la première s'appelait *Ma-*
rie-Louise et qu'elle fut cassée par le sonneur
Pierre Vaillant, dit Pierre *Nicq*, pendant la pro-
cession du jour de l'Assomption, 15 août 1847.

On la remplaça alors, mais la nouvelle cloche ne s'accordait pas avec les deux autres,
puis la moyenne cloche s'étant fêlée, et de plus
la sonnerie étant jugée trop faible pour le pays,
on décida, en 1868, de faire refondre les trois
cloches pour en avoir de plus fortes. Elles
furent encore fournies par M. Cavillier, fondeur à Solente (Oise), et coûtèrent 3,634 francs,
déduction faite du prix du métal des anciennes
cloches. Cette somme fut payée au moyen d'une
souscription faite parmi les habitants et produisit 3,194 francs, le surplus, 540 francs, fut
payé par la Fabrique.

Voici les inscriptions copiées textuellement
sur ces trois nouvelles cloches :

SUR LA GROSSE :

« L'an 1868, le 20 septembre, j'ai été bénite

par M. Boileau, curé doyen de Coucy-le-Château, assisté de M. Julien J^n-B^e Romain, curé
de la paroisse de Quierzy en présence de M.
Charles-Constant Dubacq, maire.

« Je suis nommée Marie-Jeanne-Albertine par
M. Boulanger Albert, fils de M. Boulanger-
Nattier, parrain, et par Jeanne Penet, fille de
M. Penet-Dubacq, marraine.

SUR LA MOYENNE :

« L'an 1868, le 20 septembre, j'ai été bénite...
(comme sur la grosse cloche).

« Je suis nommée Marie-Adolphine-Théo-
dorine par M. Emmanuel-Marie Belmer, fils de
M. Belmer Barthélemy, parrain, et par Marie-
Adolphine Cavalier, fille de M. Cavalier-Bor-
gne, marraine.

SUR LA PETITE :

« L'an 1868, le 20 septembre, j'ai été bénite...
(comme sur la grosse cloche).

« Je suis nommée Marie-Louise-Eugénie par
M. Louis-Lucien Cavalier, fils de M. Cavalier-
Coutant, parrain, et par Marie-Eugénie Bac-
quet, fille de M. Bacquet-Pollet, marraine. »

Voici tout ce que je puis dire sur les cloches
de Quierzy, regrettant de n'avoir pu découvrir
dans les archives de cette commune le moindre
renseignement sur les anciennes cloches d'a-
vant la révolution. J'ai trouvé seulement le
reçu suivant, peu intéressant, qui fait voir
qu'il y avait des cloches à Quierzy en 1755, ce
qui n'a pas besoin d'être prouvé, il y en avait
bien avant cette époque :

« Je moi soussigné, Denis, maître cordonnier

à Manicamp, reconnais avoir reçu d'Augustin-Louis Cudeboul, marguillier en charge de l'église Notre-Dame de Quierzy, la somme de six livres pour avoir livré et fourni deux cuirets aux cloches de ladite paroisse faits de cuir de Hongrie, dont je le tiens quitte.

« Fait a Manicamp, ce dix-huit Août de l'année mil sept cent cinquante-cinq.

« DENIS. »

XII. — Saint-Aubin

L'église de Saint-Aubin possédait trois cloches dont deux furent enlevées à la révolution, et de plus on abattit le clocher. On commença par descendre la croix et arracher les plombs et ferrements. Le procès-verbal de cette destruction, inséré au registre des délibérations de la municipalité à la date du 14e jour du 3e mois de la 2e année de l'ère républicaine (14 frimaire, an 2) ou 4 décembre 1793, constate qu'on en tira 174 livres de fer et 49 livres de plomb appartenant à la République. On délibéra que ces métaux seraient déposés dans la maison du citoyen Fillion, officier municipal, pour les remettre à la première réquisition. On avait fait là de belle besogne !

Plus tard, le jour de décade, 30 Pluviôse, an 2 (18 février 1794) on vendit le clocher entier. Après plusieurs enchères, il fut adjugé pour la somme de 225 livres au sieur Charles Roussel, qui le démolit.

La plus grosse cloche resta et fut suspendue sur un beffroi que l'adjudicataire était tenu de faire construire dans le grenier de l'église ; elle

existe encore aujourd'hui et porte l'inscription
suivante :

*Je suis nommée Suzanne par Roger de Cocquil-
lette, écuyer, Sieur de la Tour, Capitaine du château de Saint-Aubin, et Damoiselle Marie de Renty,
sa mère, et Damoiselle Suzanne de Coquillette, fille
de Christophe de Coquillette, écuyer, Capitaine du
château de Saint-Aubin et Damoiselle du Castel.
1649.*

En haut de la cloche est incrustée une petite
pièce de monnaie à l'effigie de Louis XIII, roi
de France et de Navarre.

Le nom du fondeur ne s'y trouve pas.

XIII. — Saint-Paul-aux-Bois

Il y avait à Saint-Paul-aux-Bois, avant la
révolution, trois cloches dont deux appartenant
à la paroisse, et une au prieuré. On n'a aucun
renseignement sur ces trois cloches, ni même
sur celle (la plus petite, dit-on,) qui resta jusqu'en 1812, époque où l'on décida de la refondre et de faire l'acquisition des trois cloches
actuelles, qui portent les inscriptions suivantes :

LA GROSSE :

*L'an 1812, j'ai été bénite par M. L*ˢ *Lefebvre,* (1)
curé, et nommée Alexandrine-Rosalie par Alexan-

---

(1) M. Louis Lefebvre, curé de Trosly-Loire, des-
servait la paroisse de Saint-Paul-aux-Bois à cette
époque.

*dre Du Castel (1) et Rosalie Devienne, son épouse.
Fondue par les soins de M. Boussage, maire de
cette commune.*

LA MOYENNE :

*L'an 1812, j'ai été bénite par M. L^s Lefebvre,
curé, et nommée Pauline-Rose par M. Boussage,
maire, et Louise-Rose Gréhan, épouse de Claude
Bègue. Fondue par les soins des habitants de cette
commune.*

LA PETITE :

*L'an 1812, j'ai été bénite par M. L^s Lefebvre,
curé, et nommée Marie par Pierre Blondeau (2) et
Marie Blondeau, épouse de M. Boussage. Fondue
par les soins des habitants de ce lieu, M. Boussage
étant maire.*

CAVILLIER, fondeur à Carrepuis (Somme).

XIV. — Selens

La paroisse de Selens était autrefois une cure
séculière du doyenné de Blérancourt, archidiaconé de la Rivière, diocèse de Soissons. Après
la révolution, elle devint annexe de celle de

---

(1) M. Du Castel est le spirituel auteur de la
Crépitonomie, poème didactique en trois chants.
(Paris, Michaud, 1815.) Décédé à Noyon le 5 décem-
bre 1861, dans sa 79e année.

(2) Nom resté en blanc sur la cloche. Les noms
des parrains et marraines de la moyenne et de la
petite cloche sont gravés en creux au lieu d'être
fondus en relief comme le reste des inscriptions, ce
qui fait voir qu'ils ont été ajoutés après la fonte.

Saint-Aubin, et enfin elle fut érigée en chapelle de secours le 2 juillet 1870.

Elle possédait trois cloches dont deux lui furent enlevées en 1793 en même temps que l'on démolit le clocher. On n'a pas conservé leurs inscriptions. La plus grosse, qu'on lui laissa, existe encore et porte l'inscription suivante :

Marie suis nommée par M. J. Lemaire, curé de Selens. M. G. Cahier, seig^r en partie dudict lieu, Mauprivé, Démonceau, Isabeau Barbaran, A. Coquillette, parins et mareinnes. Bonet, marguillier et tous habitants dudit lieu. 1606.
Roger Cavillier nous a feic tous III.

En haut de la cloche sont incrustées cinq pièces de monnaie à l'effigie de Henri IIII, roi de France et de Navarre. De l'autre côté, au milieu, trois fleurs de lys, et autour : *Double tournois*, 1599.

Cette cloche doit être une des plus anciennes et rares survivantes de celles fondues par la famille Cavillier, qui se glorifie d'exercer cette profession de fondeur depuis plus de trois cents ans.

Quoique n'ayant aucunement besoin de donner une preuve de sa réputation déjà bien établie au siècle dernier, je me plais à relater ici, comme un fait d'histoire locale, que dans un discours adressé aux habitants de Manicamp par leur maître d'école au sujet de la refonte des cloches de cette paroisse en 1765, il est dit : *Pour que les ouvrages soient faits de véritables mains de maître, les seigneurs de plusieurs pays ont fait défense dans toutes les paroisses de*

*leurs seigneuries de faire fondre leurs cloches à
d'autres qu'aux Cavillier de Carrépuis.*

En lisant ce petit travail, on peut voir que
sur 35 cloches qui y sont mentionnées, sans
compter les 4 clochettes de l'horloge de Trosly-
Loire, 25 ont été fondues par les Cavillier, soit
à Carrepuis (Somme), soit à Solente (Oise).

Ils en ont fourni beaucoup d'autres dans nos
pays et de très-fortes aux villes de Laon, Saint-
Quentin, Versailles, Blois, Chartres, etc., etc.
Et tout récemment M. Amédée Cavillier de
Carrepuis a refondu la plus grosse cloche, dite
Simonne, de la cathédrale de Soissons. C'est le
fils et successeur de Nicolas Cavillier qui, en
1810, fournit les 7 autres cloches de cette même
cathédrale.

XV. — Trosly-Loire

Les archives de Trosly-Loire ne donnent aucun renseignement sur les cloches que possé-
daient ses deux églises, dont l'une, dédiée à
Saint-Martin, fut démolie pour cause de vé-
tusté vers l'année 1780. Son emplacement ainsi
que le cimetière et le presbytère furent vendus
en 1793 comme propriété nationale. Le tout
était situé dans l'angle formé par la rue Saint-
Martin et la route de Blérancourt, et tenait au
fief de Soigny.

Des trois cloches que possédait l'autre église,
dédiée à Saint-Pierre, une seule resta et dura
jusqu'en 1838, époque où une de ses anses
s'étant cassée, on décida de la faire refondre et
d'avoir trois nouvelles cloches, qui existent
encore et portent les inscriptions suivantes :

LA GROSSE :

L'an 1838, j'ai été bénite par M. Boileau, doyen de Coucy, accompagné de M. Lemaire Marie–César-Fortuné, curé de Trosly-Loire. Je suis nommée Aimée-Sophie-Caroline-Adrienne-Alfrède par Alfred de Galigny, parrain, et ma marraine Aimée-Sophie-Caroline de Mondescourt (1).

HENNERET J. P., *maire*   BRIAT, *adjoint.*

(Cette dernière ligne gravée en creux au lieu d'être fondue en relief.)

LA MOYENNE :

L'an 1838, j'ai été bénite par M. Boileau, doyen de Coucy, accompagné de M. Lemaire Marie–César-Fortuné, curé de Trosly-Loire. Je suis nommée Marie-Rose-Henriette par M. Henri-Lucien Lemoine, parrain, et ma marraine Marie-Rose Henneret.

LA PETITE :

L'an 1838, j'ai été bénite par M. Boileau, doyen de Coucy, accompagné de M. Lemaire Marie–César-

---

(1) Aimée-Sophie-Caroline Benoist de Neuflieux de Mondescourt, veuve de M. Collet, décédée au château de Trosly-Loire le 13 février 1879, à l'âge de 91 ans. En 1860, cette respectable dame dota la commune d'une salle d'asile dont les immeubles ont une valeur de 20,000 francs. Déjà, en 1849, elle avait donné une maison meublée, destinée à servir d'école pour les filles, sous la direction des sœurs de l'Enfant-Jésus de Soissons avec une rente annuelle et perpétuelle de 620 francs. Elle fut la bienfaitrice de l'église et des pauvres.

Fortuné, curé de Trosly-Loire. Je suis nommée Virginie-Elisabeth-Pierre, par M. Pierre-Honoré Lescot, parrain, et ma marraine Virginie-Elisabeth-Henriette Devienne.

Ces trois cloches ont été fondues par M. Florentin Cavillier, de Carrepuis.

M. C. P. H. Martin-Marville, dans son *Histoire de Trosly-Loire* (Noyon, typogr. Andrieux, 18) ne parle pas des cloches des anciennes églises, par la raison sans doute que, comme moi, il n'a pu trouver de renseignements sur elles, mais en revanche il donne la description des quatre petites cloches de l'horloge communale, et je crois devoir la relater ici :

Sur la cloche sonnant les heures on lit :

Mre Pierre Morlière, grand archidiacre et chanoine de l'église de Soissons, prieur de Saint-Pierre de Compiègne et prieur de Sainte-Marie-Magdelène de Plein-Chatel a fait faire cette cloche et toute la chapelle........ en l'an 1647.
P. Rinolle m'a faict.

Le fondeur a reproduit deux fois les mêmes armes. C'est un écusson entouré d'une couronne de laurier et chargé d'un chevron, qui porte lui-même trois étoiles à cinq raies. Les émaux ne sont pas indiqués.

Des trois autres clochettes sonnant les quarts :
La première porte simplement :

Fait à Soissons par P. Rinolle en 1662.

La seconde :

Les Pères de la Congrégation de Saint-Maur m'ont fait faire. l'an 1663.

Au-dessous de cette inscription on voit un

écusson sur lequel figure une cloche avec le nom de *Hamet*. C'est le nom du fondeur.

La troisième porte quatre mots indéchiffrables et la date de 1514.

Ces quatre cloches de l'horloge de Trosly ont été achetées par la commune, comme venant de l'abbaye de Nogent-sous-Coucy. La délibération du conseil municipal, qui en autorise l'acquisition, est du 24 juin 1791.

XVI. — Vassens

Les archives de la commune de Vassens contiennent l'acte de baptême de trois cloches, dont voici la copie textuelle :

« 31 octobre 1688, dimanche, ont été bénites
« les cloches de Vassens par Messire Louis
« Bérot, chanoine et curé de Morsain, sçavoir :

« La grosse nommée Christophe par Mon-
« sieur et Madame de Vassen,

« Et la moyenne nommée Marguerille par
« Charles Poillevin et Marguerille Desprez,

« Et la petite a été nommée Marye par Maître
« François Mabille, curé dudit Vassen, et An-
« toinette Brasseur, femme de Simon Lefebure.

« Collart (1), clerc laïcq dudit Vassen depuis
« l'année 1656 jusqu'à présent. »

La plus grosse de ces cloches s'étant cassée en 1735 fut remplacée par une autre dont voici l'acte de bénédiction :

« Cejourd'hui 5 juin 1735, la grosse cloche
« de Vassens a été bénite avec les cérémonies
« ordinaires par M. Jean-Vincent Lévêque,

____

(1) Il mourut en 1694 après 38 ans d'exercice.

« curé de Morsain et doyen du doyenné de
« Blérancourt, en présence de M. Antoine Sou-
« lage, curé dudit Vassens, elle a été nommée
« Christophe-Pierre-Paul par M. Pierre-Paul
« Berthault, curé d'Odignicourt et Demoiselle
« Françoise Berthault, sa niepce, qui ont été
« les parrain et marraine.

« En foi de quoi tous ont signé les jour et an
susdits.

> LÉVÊQUE, doyen.

> SOULAGE, curé de Vassens.
> BERTHAULT, curé d'Odignicourt.
> Françoise Claire BERTHAULT.

C'est cette cloche qui fut seule conservée à la
révolution et existe encore aujourd'hui dans le
clocher neuf de Vassens. Les deux autres, datant de 1688, furent enlevées ; on n'a pas conservé le texte de leurs inscriptions, mais on
connaît les noms de leurs parrains et marraines par l'acte de baptême transcrit au com-
mencement de cet article.

La tradition du pays rapporte qu'il y aurait
écrit sur la cloche de Vassens :

Christophe je m'appelle, (1)
Dix-huit cents livres je pèse,
Quiconque me pèsera
Deux mille livres trouvera (avec le battant.)

---

(1) Imitation de l'inscription de la fameuse cloche
Georges d'Amboise de Rouen, que voici :

Je suis nommée Georges d'Amboise,
Qui bien trente-six mille poise.

Pour expliquer cette tradition, on peut supposer que cette inscription se trouvait sur la cloche précédente datant de 1688, mais il est certain qu'elle n'existe pas sur la cloche actuelle ainsi que je m'en suis assuré, et voici l'inscription que j'ai copiée textuellement sur elle-même, et qui se rapporte bien avec l'acte de bénédiction ci-dessus :

« L'an 1735, j'aye été bénie par Mre Jean-
« Vincent Lévêque, curé de Morsain, doïen du
« doïenné de Blérancour, en présence de M^{re}
« Antoine Soulage, curé de Vassens. Mon pa-
« rein fut Mre Pierre-Paul Berthault, curé d'O-
« dignicour, et ma mareine Françoise Ber-
« thault de Crépy-en-Vallois, sa niepce,
« lesquels m'ont donné les noms de Christo-
« phe-Pierre-Paul. *Dieu me garde pour sa gloire*
« *et l'édification du peuple de Vassens.* »

« Charlotte Lefebvre ; Claude Lefebvre, clerc ;
« Pierre Méresse, m^{er} en charge ; Simon Ho-
« norez, maître charpentier ; Ambroise Deb-
« vire, laboureur ; Louis Desprez, laboureur ;
« Louis Poittevin, laboureur ; Colnicque maître
« maréchalle. »

Au bas se trouve un écusson avec une cloche au milieu, entourée de lettres, qui me paraissent signifier ROBELOT IEANS, et au-

---

Et cil qui bien me pesera
Quarante mille y trouvera.

Ce poids fut trouvé exact lorsqu'en 1793 on la convertit en canons à la fonderie de Romilly. C'était la plus grosse cloche de France.

dessous est gravé : *Nicolas Bernard Michel m'a fait.*

Robelot est le nom d'un fondeur connu qui, entre autres, fondit la cloche de Vauxresis en 1737 avec un autre nommé Collart. Il y aurait donc eu aussi, pour la cloche de Vassens, deux fondeurs : *Jean Robelot* et *Nicolas Bernard Michel.*

XVII. — **Vézaponin**

Vézaponin, autrefois cure séculière du doyenné de Blérancourt, n'est plus aujourd'hui qu'une chapelle vicariale dépendant de la succursale d'Epagny, doyenné de Vic-sur-Aisne.

Je n'ai pu avoir aucun renseignement sur l'ancienne et unique cloche que possédait l'église de Vézaponin et qui se cassa en 1860. Elle fut refondue par M. Jaclard de Metz qui fournit la cloche actuelle pesant 475 kilogr.

Sa bénédiction solennelle fut faite le dimanche 3 février 1861, par M. l'abbé Stocquelet, vicaire capitulaire, et curé archiprêtre de Soissons, M. Collard étant curé d'Epagny, desservant Vézaponin, et M. Barbillon, maire de Vézaponin. Le parrain fut M. Victor-Emile Lemoine de Trosly-Loire, et la marraine Mme Henriette Goumand, épouse de M. Ferté, de la ferme de Saint-Léger.

C'est avec les offrandes du parrain, de la marraine, de M. le curé et surtout de Mme Louise Eveline de Richemont, baronne de Constant, et de toutes les familles de la paroisse que l'ancienne cloche cassée par accident put être refondue, et reprendre place dans la tour de l'église.